## ENFANCE EN POÉSIE

GUILLAUME APOLLINAIRE
Petit Bestiaire

MAURICE CARÊME
L'oiseleur et autres poèmes

COULEURS, FLORILÈGE
Alain Bosquet, Maurice Carême, Paul
Éluard, Maurice Fombeure, Paul Fort,
Andrée Hyvernaud, Max Jacob, Marie
Noël, Claude Roy, Philippe Soupault,
Muriel Vertischel

ROBERT DESNOS
La ménagerie de Tristan et autres poèmes

JEAN DE LA FONTAINE
Fables

GUILLEVIC
Échos, disait-il

VICTOR HUGO
Chanson pour faire danser en rond
les petits enfants et autres poèmes

JACQUES PRÉVERT
Chanson des escargots qui vont
à l'enterrement et autres poèmes

RAYMOND QUENEAU
Paris-ci, Paris-là et autres poèmes

CLAUDE ROY
Farandoles et fariboles

JOËL SADELER
Les animaux font leur cirque

JULES SUPERVIELLE
Le lac endormi et autres poèmes

JEAN TARDIEU
Je m'amuse en rimant

ISBN : 978-2-07-066509-9
© Éditions Gallimard Jeunesse 2000, pour la préface, 2004, pour la présente édition
© Éditions Gallimard 1948, pour Coq de Louis Aragon, 1925, pour Chat de Jean Cocteau, 1968,
pour La fourmi et la cigale de Raymond Queneau, 1974, pour Le rhinocéros (extrait de La Chasse au
rhinocéros dans les montagnes du Haut-Tyrol) et Le singe de Claude Roy
© Editions Gründ 1945, pour La girafe, L'alligator, Le léopard, Le zèbre, Le kangourou, Le blaireau
et Le tamanoir de Robert desnos
© Andrée Chedid 2004, pour Le boa
© Mercure de France 1922, pour Hirondelle qui pars… de Tristan Klingsor
Numéro d'édition : 277694
Loi n° 46-956 du 16 juillet 1949 sur les publications destinées à la jeunesse
Dépôt légal : février 2015
Imprimé en France par I.M.E

PEFC
10-31-1093
Certifié PEFC
Ce produit est issu
de forêts gérées
durablement et de
sources contrôlées.
pefc-france.org

IMPRIM'VERT

Nous remercions les auteurs et les éditeurs qui nous ont autorisés à reproduire textes ou fragments
de texte dont ils gardent l'entier copyright (texte original ou traduction).
Nous avons, par ailleurs, en vain, recherché les héritiers ou éditeurs de certains auteurs.
Leurs œuvres ne sont pas tombées dans le domaine public. Un compte leur est ouvert à nos éditions.

ENFANCE EN POÉSIE

# LA PAROLE AUX ANIMAUX

## Florilège

Illustré par
Sacha Poliakova

GALLIMARD JEUNESSE

Citadelle imprenable, la poésie, ou ville ouverte? Les deux et aucune à la fois. Il suffit de pousser la porte des mots qui n'est jamais verrouillée, et d'entrer dans le poème qui n'attendait que ça pour se mettre à chanter, à danser, à rire à mots déployés. Comme un accordéon ou comme le soufflet du forgeron. Mais que dites-vous là? Ces choses-là n'existent plus. Justement, c'est le secret: il suffit de les nommer pour que les choses se mettent à exister, à danser, à chanter, à rire. La poésie, c'est un peu cela: faire exister ce qui n'existe pas. Le ciel par exemple qui n'est qu'un gaz, et pas bleu du tout; le cœur qui pleure ou qui rit alors que le muscle du même nom se contente de battre le sang flic floc flic floc.

Ne parlons pas de l'âme que nul n'a jamais vue quand chacun sait qu'il faut la rendre pour mourir. Je vous le disais : poussez la porte des mots et vous entendrez sonner les cloches du réel, du possible, de l'impossible qui n'est pas français comme chacun sait. Car chaque mot a un son qui diffère selon la compagnie que le poète lui a choisie. Enfin : que le poème a choisie à la place du poète. Car le poète est une oreille d'abord puis un porte-voix. Il transmet ce qui lui est dicté par les mots qui lui viennent, les images qu'il voit, la musique qui le conduit. Le poème est la maison qu'il bâtit avec ces mots-là. Elle n'attend que vous pour faire la fête. Hop là, poussez la porte !

Guy Goffette

# CHAT

Le feu : jolis poissons rouges,
Endormait le chat fermé.
Si, par mégarde, je bouge,
Le chat peut se transformer.

Il ne faut jamais que cesse
Le rouet des vieilles tours ;
Car se changer en princesse
Est le moindre de ses tours.

Jean Cocteau
*Vocabulaire (Poésies 1916-1923)*

# LES COLOMBES

Sur le coteau, là-bas où sont les tombes,
Un beau palmier, comme un panache vert,
Dresse sa tête, où le soir les colombes
Viennent nicher et se mettre à couvert.

Mais le matin elles quittent les branches :
Comme un collier qui s'égrène, on les voit
S'éparpiller dans l'air bleu, toutes blanches,
Et se poser plus loin sur quelque toit.

Mon âme est l'arbre où tous les soirs, comme elles,
De blancs essaims de folles visions
Tombent des cieux, en palpitant des ailes,
Pour s'envoler dès les premiers rayons.

THÉOPHILE GAUTIER
*Poésies diverses*

# LE RHINOCÉROS

Le rhinocéros est morne
et il louche vers sa corne.
Que veut le rhinocéros ?
Il veut une boule en os.
Ce n'est pas qu'il soit coquet :
c'est pour jouer au bilboquet
(car l'ennui le rend féroce,
le pauvre rhinocéros).

CLAUDE ROY
*Enfantasques*

# L'ABEILLE VA, VIENT, FOUILLE, QUÊTE...

L'abeille va, vient, fouille, quête,
Travaille comme un moissonneur,
Et par moments lève sa tête
Et dit au nuage : flâneur !

VICTOR HUGO
*Les Chansons des rues et des bois*

# LA GIRAFE

La girafe et la girouette
Vent du sud et vent de l'est,
Tendent leur cou vers l'alouette,
Vent du nord et vent de l'ouest.

Toutes deux vivent près du ciel,
Vent du sud et vent de l'est,
À la hauteur des hirondelles,
Vent du nord et vent de l'ouest.

Et l'hirondelle pirouette,
Vent du sud et vent de l'est,
En été sur les girouettes,
Vent du nord et vent de l'ouest.

L'hirondelle fait des paraphes,
Vent du sud et vent de l'est,
Tout l'hiver autour des girafes,
Vent du nord et vent de l'ouest.

ROBERT DESNOS
*Chantefables et chantefleurs*

# HIRONDELLE QUI PARS...

Hirondelle qui pars aux Indes
Pourquoi me suivre si longtemps ;
   Pars sans me plaindre
      Et bon vent.

   Que la rose t'accueille
Dans la douceur d'un matin bleu ;
Oublie le pays lointain où il pleut
Et cet homme en larmes qui reste seul.

TRISTAN KLINGSOR
*L'Escarbille d'or*

# L'ALLIGATOR

Sur les bords du Mississippi
Un alligator se tapit.
Il vit passer un négrillon
Et lui dit : «Bonjour mon garçon.»
Mais le nègre lui dit : «Bonsoir,
La nuit tombe, il va faire noir,
Je suis petit et j'aurais tort
De parler à l'alligator.»
Sur les bords du Mississippi
L'alligator a du dépit,
Car il voulait au réveillon
Manger ce tendre négrillon.

ROBERT DESNOS
*Chantefables et chantefleurs*

# LE LÉOPARD

Si tu vas dans les bois,
Prends garde au léopard.
Il miaule à mi-voix
Et vient de nulle part.

Au soir, quand il ronronne,
Un gai rossignol chante,
Et la forêt béante
Les écoute et s'étonne,
S'étonne qu'en ses bois
Vienne le léopard
Qui ronronne à mi-voix
Et vient de nulle part.

ROBERT DESNOS
*Chantefables et chantefleurs*

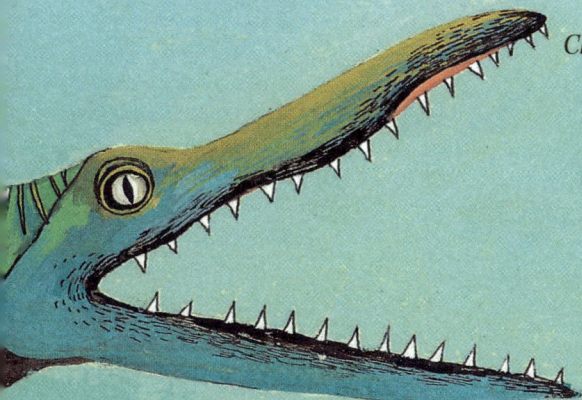

# LES HIBOUX

Sous les ifs noirs qui les abritent
Les hiboux se tiennent rangés,
Ainsi que des dieux étrangers,
Dardant leur œil rouge. Ils méditent.

Sans remuer ils se tiendront
Jusqu'à l'heure mélancolique
Où, poussant le soleil oblique,
Les ténèbres s'établiront.

Leur attitude au sage enseigne
Qu'il faut en ce monde qu'il craigne
Le tumulte et le mouvement ;

L'homme ivre d'une ombre qui passe
Porte toujours le châtiment
D'avoir voulu changer de place.

CHARLES BAUDELAIRE
*Les Fleurs du mal*

# LE ZÈBRE

Le zèbre, cheval des ténèbres,
Lève le pied, ferme les yeux,
Et fait résonner ses vertèbres
En hennissant d'un air joyeux.

Au clair soleil de Barbarie,
Il sort alors de l'écurie
Et va brouter dans la prairie
Les herbes de sorcellerie.

Mais la prison, sur son pelage,
A laissé l'ombre du grillage.

ROBERT DESNOS
*Chantefables et chantefleurs*

# LA FOURMI
# ET LA CIGALE

Une fourmi fait l'ascension
d'une herbe flexible
elle ne se rend pas compte
de la difficulté de son entreprise

elle s'obstine la pauvrette
dans son dessein délirant
pour elle c'est un Everest
pour elle c'est un Mont-Blanc

ce qui devait arriver arrive
elle choit patatratement
une cigale la reçoit
dans ses bras bien gentiment

eh dit-elle point n'est la saison
des sports alpinistes
(vous ne vous êtes pas fait mal j'espère ?)
et maintenant dansons dansons
une bourrée ou la matchiche

RAYMOND QUENEAU
*Battre la campagne*

# LE KANGOUROU

Kangourou premier, roi des kangourous,
Ayant accroché son grand sabre au clou
S'assoit dans un trône en feuille de chou.

Sa femme arrivant, pleine de courroux,
Dans sa poche a mis ses fils et ses sous,
Ses gants, son mouchoir et ses roudoudous.

Kangourou dernier, roi des kangourous,
Avait les yeux verts et les cheveux roux.
Sa femme peignait son royal époux.

Kangourou le roux, roi des kangourous,
Kangourou dernier, kangourou le roux.

ROBERT DESNOS
*Chantefables et chantefleurs*

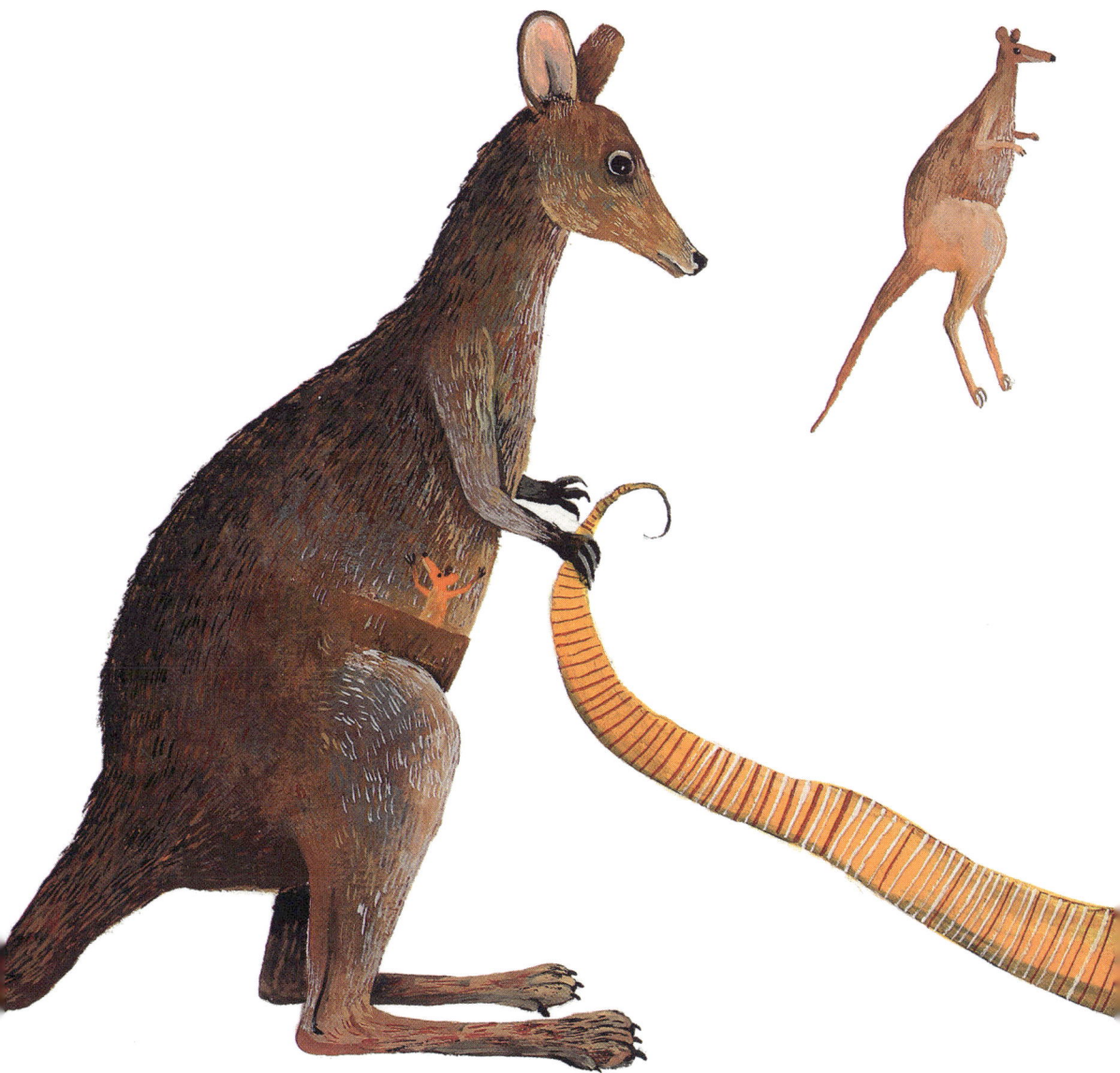

# LE BLAIREAU

Pour faire ma barbe
Je veux un blaireau,
Graine de rhubarbe,
Graine de poireau.

Par mes poils de barbe !
S'écrie le blaireau,
Graine de rhubarbe,
Graine de poireau,

Tu feras ta barbe
Avec un poireau,
Graine de rhubarbe,
T'auras pas ma peau.

ROBERT DESNOS
*Chantefables et chantefleurs*

# QUAND LA PERDRIX

(...)

> Quand la perdrix
> Voit ses petits
En danger, et n'ayant qu'une plume nouvelle
Qui ne peut fuir encor par les airs le trépas,
Elle fait la blessée, et va, traînant de l'aile,
Attirant le chasseur et le chien sur ses pas,
Détourne le danger, sauve ainsi sa famille ;
Et puis, quand le chasseur croit que son chien la pille,
Elle lui dit adieu, prend sa volée et rit
De l'homme qui, confus, des yeux en vain la suit.

(...)

JEAN DE LA FONTAINE
*Fables IX*

# LE TAMANOIR

    – Avez-vous vu le tamanoir ?
Ciel bleu, ciel gris, ciel blanc, ciel noir.
    – Avez-vous vu le tamanoir ?
Œil bleu, œil gris, œil blanc, œil noir.
    – Avez-vous vu le tamanoir ?
Vin bleu, vin gris, vin blanc, vin noir.

    Je n'ai pas vu le tamanoir !
    Il est entré dans son manoir
    Et puis avec son éteignoir
    Il a coiffé tous les bougeoirs.
    Il fait tout noir.

ROBERT DESNOS
*Chantefables et chantefleurs*

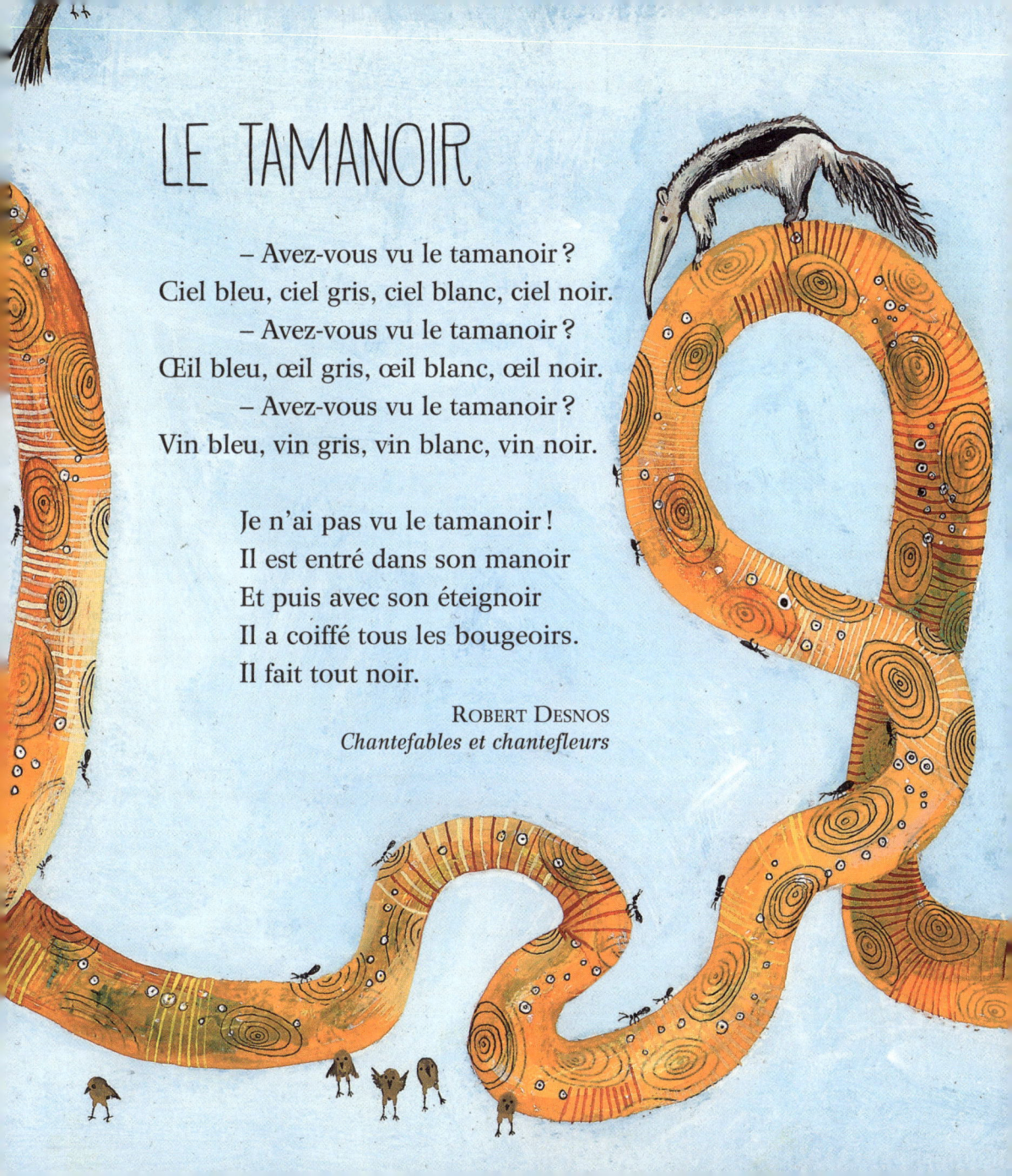

# LE BOA

Coiffé d'un panama
Et aux lèvres un dahlia,
Messire le Boa
Se pointe à l'Opéra.

Là des souris-bêta
Faisant « Hourrah ! Hourrah ! »
Invitent le boa
À rejoindre leur polka
    ABRA ET CADABRA

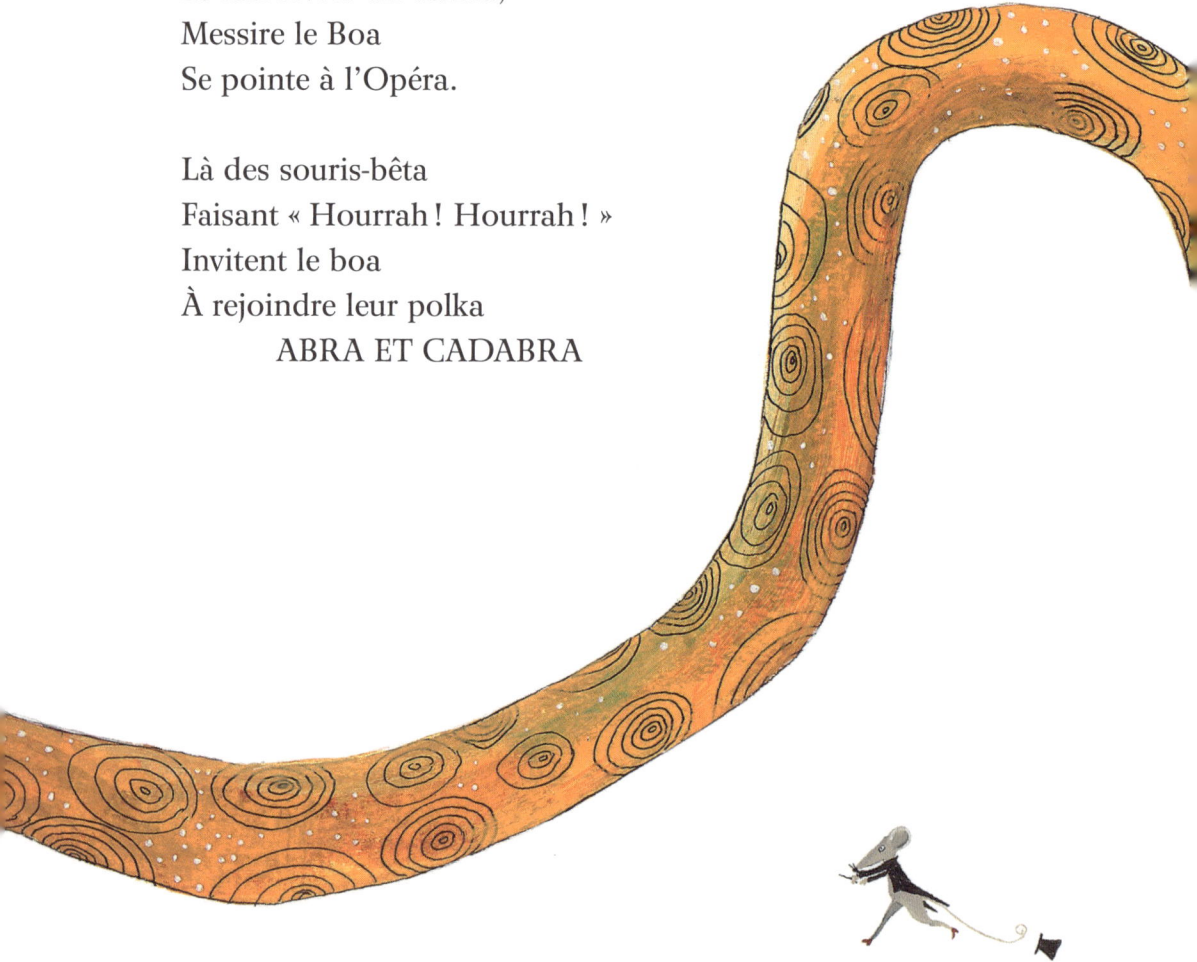

Soudain, à l'Opéra,
Il n'y a plus qu'un
    BOA
Couché sur un sofa,
Qui digère sur un fa :
Souris en falbalas,
Sans oublier, ma foi,
Dalilah, la diva !

ANDRÉE CHEDID<br>*Le Cœur et le temps*

# COQ

Oiseau de fer qui dit le vent
Oiseau qui chante au jour levant
Oiseau bel oiseau querelleur
Oiseau plus fort que nos malheurs
Oiseau sur l'église et l'auvent
Oiseau de France comme avant
Oiseau de toutes les couleurs

LOUIS ARAGON
*Le Nouveau Crève-cœur*

# LE SINGE

Le singe descend de l'homme.
C'est un homme sans cravate,
sans chaussures, sans varices,
sans polices, sans malice,
sorte d'homme à quatre pattes
qui n'a pas mangé la pomme.

CLAUDE ROY
*Enfantasques*

LOUIS ARAGON (1897-1982) :
avec André Breton, Robert
Desnos, Philippe Soupault,
il est l'un des fondateurs
du surréalisme (1923). Poète
de la lutte et de l'espérance,
il a marqué le temps de l'histoire.
Riche de tout l'héritage poétique
français, Aragon chantait avec
ferveur l'amour, la fraternité,
la merveille de vivre. Beaucoup
de ses poèmes ont été mis en
musique.

CHARLES BAUDELAIRE
(1821-1867) : la nécessité d'aller
«au fond de l'Inconnu pour
trouver du nouveau» s'est
imposée
à lui très tôt. La modernité
de Baudelaire apparaît non
seulement dans ses poèmes
–*Les Fleurs du mal* (1857)–,
longtemps condamnés par
la censure, mais également
dans ses écrits sur l'art.

ANDRÉE CHEDID (1920-2011) :
très attachée à ses racines
égyptiennes, elle a chanté la vie,
la mort, l'amour, les grands

thèmes qui ont traversé son
œuvre. Elle a écrit de nombreux
recueils dont *Le Cœur et le
temps*, pour les enfants (1977).
On lui doit aussi des pièces
de théâtre.

JEAN COCTEAU (1889-1963) :
en marge du surréalisme mais
dans un esprit assez proche,
Cocteau, «Magicien de l'esprit
moderne», romancier, dessinateur,
dramaturge, cinéaste, fut aussi
l'un des poètes les plus doués
de sa génération.

ROBERT DESNOS (1900-1945) :
il fut l'un des principaux
animateurs du surréalisme.
Sa poésie, pleine de fantaisie,
d'humour et de mystère,
emprunte beaucoup à la magie
du rêve (*Chantefables et
chantefleurs*, 1945). Résistant
durant la dernière guerre
mondiale, il est mort
en déportation.

THÉOPHILE GAUTIER
(1811-1872) : poète, romancier
et critique, l'auteur du

*Capitaine Fracasse* fut d'abord un romantique, ami de Victor Hugo, avant d'opter pour la théorie de l'art pour l'art, c'est-à-dire la primauté donnée à la beauté formelle (*Émaux et camées*, 1852).

## VICTOR HUGO (1802-1885):
romancier, homme de théâtre, poète, Hugo est le plus célèbre, le plus varié, le plus créatif des poètes français. Il s'est essayé à tous les genres, tous les styles (*La Légende des siècles*, 1859 ; *L'Art d'être grand-père*, 1877). Brisant les rythmes, multipliant les rimes, les images, les sonorités, il annonce la poésie moderne.

## TRISTAN KLINGSOR (1874-1966):
sa longévité lui a permis de connaître le symbolisme de la fin du XIXᵉ siècle, comme le surréalisme de l'entre-deux-guerres. Mais sa poésie est restée fine et pleine de fantaisie, elle a su allier toutes les ressources d'un vers assoupli (*Humoresque*, 1921 ; *Florilège*, 1962).

## JEAN DE LA FONTAINE (1621-1695):
il écrivit des romans, des contes et des comédies mais on connaît surtout ses *Fables*. Protégé du ministre Fouquet, il fréquente les salons de Mme de La Sablière, de Mme de La Fayette ou de Mme de Sévigné.

## RAYMOND QUENEAU (1903-1976):
après avoir participé au surréalisme, il se consacre à la littérature et à l'édition. Romancier, il devient célèbre avec *Zazie dans le métro* (1959). Sa poésie a atteint le grand public grâce à la chanson (*Si tu t'imagines*). Son œuvre, abondante, se distingue par une constante interrogation sur le langage.

## CLAUDE ROY (1915-1997):
romancier, essayiste, critique, poète, grand voyageur, très attentif au monde contemporain et à tout ce qui peut entraver la liberté humaine, Claude Roy a composé, entre autres, de délicieux poèmes pour enfants (*Enfantasques*).

## SACHA POLIAKOVA

Sacha Poliakova, née à Saint-Pétersbourg en Russie, vit et travaille en France. Elle a fait ses études à l'école nationale supérieure des arts décoratifs. Auteur et illustratrice de livres, elle travaille également comme scénographe et marionnettiste tout en continuant ses recherches plastiques et graphiques par des travaux de peinture et de gravure.